Mensagem de amizade

Ana Paula Bastos

Mensagem de amizade

Paulinas

Dados Internacionais de Catalogação na Publicação (CIP)
(Câmara Brasileira do Livro, SP, Brasil)

Bastos, Ana Paula
 Mensagem de amizade / Ana Paula Bastos ; ilustrações Clara de Bivar. – 7. ed. – São Paulo : Paulinas, 2015.

ISBN 978-85-356-3869-1

1. Amizade I. Bivar, Clara de. II. Título.

14-13294   CDD-158.25

Índice para catálogo sistemático:
1. Amizade : Relações interpessoais : Psicologia aplicada   158.25

Título original da obra: *Mensagem de amizade*
© Inst. Miss. Filhas de São Paulo, Lisboa, 2001

Direção-geral: *Flávia Reginatto*
Editora responsável: *Luzia M. de Oliveira Sena*
Assistente de edição: *Andréia Schweitzer*
Coordenação de revisão: *Marina Mendonça*
Revisão: *Jaci Dantas*
Direção de arte: *Irma Cipriani*
Gerente de produção: *Felício Calegaro Neto*
Capa e diagramação: *Manuel Rebelato Miramontes*
Ilustrações: *Clara de Bívar*

7ª edição – 2015
2ª reimpressão – 2024

Nenhuma parte desta obra poderá ser reproduzida ou transmitida por qualquer forma e/ou quaisquer meios (eletrônico ou mecânico, incluindo fotocópia e gravação) ou arquivada em qualquer sistema ou banco de dados sem permissão escrita da Editora. Direitos reservados.

Cadastre-se e receba nossas informações
paulinas.com.br
Telemarketing e SAC: 0800-7010081

Paulinas
Rua Dona Inácia Uchoa, 62
04110-020 – São Paulo – SP (Brasil)
📞 (11) 2125-3500
✉ editora@paulinas.com.br

© Pia Sociedade Filhas de São Paulo – São Paulo, 2003

*A todos aqueles
que têm contribuído
para o meu crescimento
interior...*

Prefácio

É com algum pudor que avanço nestas linhas introdutórias. O pudor de quem acredita que as amizades se vivem, com empenho, numa fidelidade discreta, mas que não podem faltar ao compromisso incondicional da solidariedade. Não poderia, pois, recusar o pedido da Paula em abrir esta sua *Mensagem de Amizade*. Até porque me sinto plenamente identificado com aquilo que a autora nos revela. Porque de revelação se trata, no fundo, a da própria experiência que se comunica e, assim, se partilha.

Reconheço e agradeço o privilégio que é desenhar o pórtico pelo qual os leitores entrarão na aventura da leitura. Deixo desde já um aviso, a partir da própria experiência: guiados pelas belas, poéticas e vívidas páginas da Paula, tornamo-nos intérpretes de nós mesmos, recordando e atualizando a nossa história pessoal, marcada pela presença fiel de tantos amigos. Parcelas do nosso ser, companheiros da nossa peregrinação, testemunhas das nossas dores e alegrias. Mais do que uma simples leitura, este livro tem a força despretensiosa de nos tornar a nós próprios o autêntico livro de leitura, esse mesmo no qual se escreve uma história de amizade, em que se ergue uma arca de alianças e se lavra um território de acolhimento.

Não se trata de uma teoria, mas de uma vivência. A escritura que vamos percorrer, e é fácil identificar, brota da torrente dos afetos da Paula, intensos, generosos, incondicionais, sempre festivos. A convocação dos mestres do pensamento, antigos ou atuais, não pretende ter carga ilustrativa ou apologética; eles, nos seus sapienciais dizeres, oferecem a marca da universalidade e da pessoalidade da amizade, o testemunho da sua vivência, o valor incondicional de uma fidelidade e de seu necessário compromisso. Essa mesma marca de que Paula é portadora-profetiza, diria, em que as citações ajudam a interpretar, mais do que o pensamento, o próprio sentimento.

E a amizade não pode deixar de se inscrever no território comunicativo e expressivo da nossa corporeidade. Talvez a expressão afetiva da amizade tenha sido, no Ocidente, a única expressão pública consentida à manifestação do carinho e do afeto, para além das "normalizadas" relações de parternidade-filiação e de conjugalidade. Até porque, é, precisamente, essa a janela por onde respira a vida na sua unidade psicossomática, de forma livre, espontânea e desinteressada. Como escreve Paula, "a carícia, o toque, testemunha o amor que se vive e que se torna necessidade vital, porque encontro do 'corpo com a alma'". O simples toque, a carícia, o aperto de mão ou o encontro demorado das mãos entrecruzadas, o abraço envolvente ou o beijo expressam e celebram o compromisso da nossa inteireza, da nossa dádiva e do nosso acolhimento. A amizade começa por se celebrar no corpo, com a sabedoria de não comprometermos o outro em quaisquer estratégias, pela nossa parte, de possessão ou de manipulação.

Este livro é também um manual de liturgia de amizade, a qual não pode deixar de ser celebrada, para se atualizar, renovar e projetar nas suas festas improvisadas ou planejadas, nos seus gestos espontâneos ou previstos, nos seus ritos soltos ou cuidadosamente preparados, de acordo com os sentimentos e os afetos dos celebrantes. A celebração da amizade confere valor único ao(à) amigo(a), oferece-lhe um tempo absoluto de acolhimento, dá consistência e significado à presença e até mesmo à ausência. Na celebração da amizade, cada rosto tem nome e lugar no coração; o tempo se gasta no prazer demorado do encontro, que se deseja eterno. Lendo cuidadosamente este livro, podemos mesmo fazer um inventário completo dos gestos celebrativos de Paula para com os seus amigos. E reconhecê-la inteira e comprometida na seleção das cores e das fitas dos laços, dos textos e dedicatórias dos cartões, da composição gráfica e artística dos certificados, sempre tão acreditados pela sua amizade, com que nos brinda pela presença como pela ausência. Pois, "ao escolhermos um presente para um amigo, escolhemos alguma coisa que se adapte a ele, que sintonize com a imagem que temos dele, com a sua maior ou menor sensibilidade, com o seu maior ou menor bom gosto".

À maneira dos gêneros literários teofânicos bíblicos, termino convocando os elementos cósmicos envolventes: o imenso maciço montanhoso, altivo, solene e sereno; as nuvens que escorregam pelas encostas dos montes; o sol que marca, discreto, a sua presença em clareiras soltas e breves; e do vale profundo eleva-se o imenso sussurro de um regato, anunciando a presença por perto de uma fonte permanente. Sejam todos testemunhas da gratidão do autor destas linhas por lhe ser dado viver e acolher amizades tão profundas como a de Paula.

Antônio Martins
Doutor pela
Universidade Gregoriana de Roma

*Não guardes os teus belos discursos
para quando os teus amigos morre-
rem.
Não os escrevas nos seus túmulos,
dize-os antes, agora.*

Anna Cummins

A beleza que se deve perseguir
na escrita é... interior,
é a beleza da procura, a beleza da verdade,
a beleza da alegria, a intensidade da dor.
Escrever é uma forma de nos conhecermos
a nós próprios, de conhecermos
e de nos darmos através do conhecimento.
Não se escreve, não se deveria escrever
para se conseguir a aprovação
e os elogios dos outros,
mas para lhes mostrar
qualquer coisa que eles não veem.

Susanna Tamaro

Notas introdutórias

Considero a amizade uma das formas de realização e dignificação humanas mais importantes na vida de homens e mulheres, enquanto seres relacionais... enquanto pessoas, ou seja, enquanto seres-em-relação, enquanto seres-com-os-outros--e-para-os-outros.

A amizade autêntica é verdadeiramente existencial como fonte de prazer, de bem-estar, de alegria interior... de felicidade.

O amor recíproco inerente à amizade fala de fidelidade, de confiança mútua, de honestidade, de franqueza, de verdade, de generosidade... fala de amor.

A amizade, como dinamismo bipolarizado, implica comunhão de sentimentos, pensamentos, emoções, num clima de estima recíproca, que exige auto e heteroaceitação... auto e heteroestima... auto e heteroconfiança...

Sozinhos não podemos viver, sufocados por problemas e alegrias não partilhadas na intimidade do amor fraterno.

A melhor coisa que cada um de nós tem para oferecer ao outro é a mais profunda verdade sobre si próprio, tão nova como cada dia, na constante mudança interior das nossas vidas.

Sempre abertos a novas experiências relacionais, através de uma abertura a novas sensações, sentimentos, emoções, desejos, afetos... ou seja, sempre abertos "ao novo", não devemos sentir medo desse processo dinâmico que é o crescimento interior, sempre fruto da necessidade intrínseca ao ser humano de encontrar alguém que o ajude a percorrer o caminho rumo à plenitude...

Só conhecemos bem as coisas que cativamos.
Os homens já não têm tempo para conhecer nada.
Compram tudo prontinho nas lojas.
Mas, como não existem lojas de amigos,
os homens não têm amigos.

Saint-Exupéry

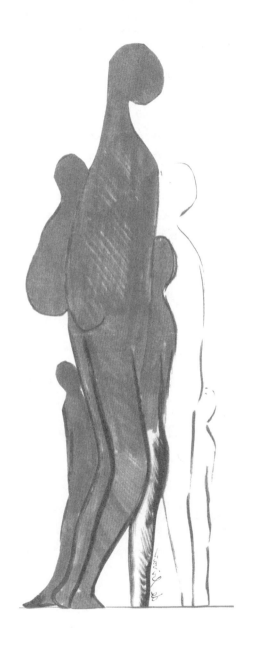

SEM UMA PALAVRA, SEM UM SINAL

Amo-te não só pelo que és,
mas por aquilo que sou quando estou contigo.

Amo-te não só por aquilo que fizeste de ti,
mas por aquilo que fazes de mim.

Amo-te porque fizeste mais do que qualquer
credo poderia ter feito para me tornar bom,
e mais do que qualquer fado poderia ter feito
para me tornar feliz.

Fizeste-o sem um toque,
sem uma palavra, sem um sinal.

Fizeste-o sendo tu próprio.
Talvez seja isso o que significa ser amigo, afinal.

(Anônimo)

Conhecidos...
não são amigos!

De todas as dádivas que a natureza nos concede
para que a nossa vida se torne plena e feliz,
a amizade é a mais bela.
Epicuro

A amizade apenas encontra a sua plena irradiação
na maturidade da idade e do espírito.
Cícero

Algumas das pessoas a quem chamamos de amigas... não passam de meras conhecidas, com quem estabelecemos boas relações, mas a quem não contamos os nossos anseios mais secretos, os nossos problemas mais prementes, as nossas frustrações e sonhos desfeitos...

Quando nos encontramos com o amigo, sentimo-nos felizes, o que nos faz sorrir espontaneamente, pois vivemos um sentimento sereno e límpido, todo feito de fidelidade, pureza e confiança.

Um amigo é alguém que nos ama e a quem amamos e, por isso, quer fazer-nos felizes... É alguém que nos quer bem e a quem queremos bem... e queremos o bem. É alguém que entrou, de forma especial, no nosso universo afetivo e a quem respeitamos a singularidade e especificidade.

Considero a amizade a mais bela forma de amor partilhado, um amor puro e límpido... Não como uma espécie de revelação única e inicial, mas como uma revelação progressiva, através de uma série de encontros promotores de constantes e contínuos aprofundamentos.

Na amizade, várias são as suas formas e as suas graduações, dependentes do grau de perfeição relacional, que tende para o infinito, para a plenitude.

A amizade nasce da reciprocidade amorosa, que nos transcende continuamente rumo a uma justiça e a uma verdade sempre novas e eternas.

Uma amizade verdadeira nasce de fragmentações de encontros que se sucedem, estabelecendo laços cada vez mais fraternos, mais fortes e mais afetuosos. Contudo, não tem a ver com o fato de se estar em contato diário.

Os nossos amigos não têm de ser as pessoas com quem trabalhamos mais de perto e com quem passamos a maior parte do tempo. Podem até ser pessoas que só vemos de vez em quando, com quem quase não nos encontramos... ou com quem nos encontramos "correndo", sempre controlados pelo pouco tempo disponível. São pessoas por quem sentimos uma profunda simpatia, um forte interesse e uma afinidade interior, uma sintonia de corações que vem de dentro, do mais íntimo de nós mesmos...

Para haver amizade, como diz Julia Duhring, "tem de existir aquele estado maravilhoso e indefinível que consiste em estar à vontade com o nosso companheiro — aquele homem, aquela mulher que nos interessa entre uma multidão, que vem ao encontro dos nossos gostos e pensamentos".

"Deus deu-nos os nossos parentes; graças a Deus podemos escolher os nossos amigos" (E. Watts Mumford), pois eles são, para nós, verdadeiras prendas que oferecemos a nós mesmos.

Os nossos amigos, aqueles que escolhemos na imensidão do nosso tecido relacional, são "apenas" pessoas que nos deixam ser nós mesmos, que apoiam sem julgar, com quem consideramos possibilidades, com quem "discutimos" problemas, a fim de os vermos de forma diferente.

Os amigos confiam em nós, precisam de nós... como nós precisamos e confiamos neles... Ficam felizes com a nossa felicidade... e fazem-nos ficar felizes com a sua. São verdadeiros tesouros de inestimável valor... para quem sabe ser amigo... Condição *sine qua non* para se ter amigos.

A vida, fortalecida pela extraordinária sabedoria das amizades generosas, pelo amor dado e recebido... é uma longa e interminável primavera de felicidade, apesar dos contratempos, da doença, do sofrimento, da dor... porque profunda convivência humana, de coração para coração, com alguém que nos cativou e que se deixou cativar por nós...

"Creio que as relações são realmente sagradas, não no sentido superficial do seu elevado valor, mas pelo fato de apelarem a sentimentos infinitos e misteriosos, que existem no íntimo de nós, das nossas comunidades e na verdadeira natureza das coisas" (Thomas More).

Em formas profundas de relação, são aqueles "laços raros e imensamente gratificantes que nos unem a certas pessoas que, na acepção mais restrita, são almas gêmeas", afirma o referido autor.

Por seu lado, Susanna Tamaro afirma: "A amizade é um dos sentimentos mais bonitos que há porque dá riqueza, emoções, cumplicidade e porque é totalmente gratuita. De repente duas pessoas veem-se, escolhem-se, cria-se uma espécie de intimidade; podem caminhar lado a lado e crescer juntas, embora percorram caminhos diferentes", ainda que entre elas possa existir uma distância de milhares de quilômetros...

A amizade representa um dos mais fundamentais valores da existência, capaz de tornar a vida infinitamente mais bela e mais fecunda.
Ignace Lepp

A única coisa para a qual vale a pena viver é dar-se aos outros.
Pasteur

Eu não tenho necessidade de ti.
E tu não tens necessidade de mim.
Mas, se tu me cativares,
nós teremos necessidade um do outro.
Serás único no mundo.
E eu serei para ti único no mundo.

Saint-Exupéry

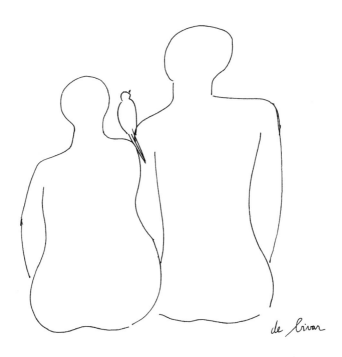

Oh, o conforto, o inexprimível conforto,
de nos sentirmos seguros com alguém;
não termos de pesar os pensamentos nem
medir as palavras,
mas expressá-los todos tais quais são, palha e grão
juntamente, sabendo que uma mão leal os há de
apanhar e joeirar,
guardando o que vale a pena guardar,
e depois, com o sopro da bondade, deitar o resto fora.

George Eliot

O encontro entre amigos...

A mais doce de todas as doçuras da vida é a amizade.
Santo Agostinho

Um amigo é presença na tua solidão...
é alguém que pensa em ti quando estás ausente
e rejubila quando estás presente.
Nina

A amizade é um mistério de amor,
numa beleza de comunhão.
Nina

O encontro entre amigos traz sempre algo de novo, de transcendente, de inesperado e de revelador... e faz a ponte entre o último encontro e o atual.

Quando nos encontramos com o amigo, mesmo após muito tempo de ausência física, é como se o tempo não tivesse passado... e dá-se continuidade ao encontro anterior, retomando o diálogo interrompido... como se o tempo tivesse parado.

Cada encontro vai alimentando a amizade, feita de diálogos interrompidos e recomeçados... continuamente. Cada novo encontro tem uma intensidade existencial que ajuda os dois amigos a caminhar na estrada da amizade, apesar da alteridade de ambos.

É esta comunhão, fruto da complementação de um em função do outro, que nos faz sentir cada vez mais nós mesmos, e nos faz desejar que cada encontro dure eternamente.

A aproximação, a confiança, a intimidade, a disponibilidade, a comunicação sincera, a escuta atenta, a humildade, o sentido das limitações, a disponibilidade para a mudança, a coragem da verdade, a essência, o respeito, a coerência, a integridade, a fidelidade... proporcionam a autenticidade relacional geradora de complementaridade, dado que, através do encontro, tocamos o nosso núcleo central, o nosso eu-profundo, o mistério do nosso coração, ao mesmo tempo que tocamos o do amigo.

Cada encontro proporciona um melhor e mais íntimo reconhecimento, "abrindo portas atrás de portas"... "janelas atrás de janelas"...

Aos poucos, vamos "tirando o véu" que oculta o nosso verdadeiro rosto e o rosto do amigo. Somos diferentes, mas complementares... temos histórias de vida únicas e irrepetíveis como nós... que nos dão uma forma única de ser e de estar no mundo... mas aceitamos, respeitamos e compreendemos a forma única de ser e de estar do amigo. Ele é um outro "eu"... mas diferente de nós. Faz parte de nós... mas é outra pessoa. É um bocadinho do nosso eu-interior... mas tem um outro eu-interior, que só a ele pertence.

Somos diferentes, mas complementares... Pensamos de maneira diferente... mas aceitamos e compreendemos a forma de pensar e de sentir do outro... Sentimos e agimos de modo diverso, mas, a partir de pontos de vista diferentes, convergimos para a verdade, para a plenitude do ser, para a comunhão fraterna.

Uma amizade assim se torna existencial, absolutamente vital.

É ao conhecer o amigo que conheço a mim mesmo e... ao me conhecer, aumento as minhas capacidades de conhecer o outro.

Quem eu sou realmente... é o amigo que me mostra, à medida que vou descobrindo quem ele é.

O melhoramento pessoal, o desenvolvimento pessoal, o autoconhecimento interior passam pelas relações de qualidade.

A amizade vive na e da intimidade, que é tanto mais profunda quanto mais alimentada for. Alimentada pela necessidade de saber se o outro está bem, se está feliz, numa atenção permanente que não aprisiona, mas é libertadora, apesar de atenta e atenciosa, quase mesmo protetora...

O amigo não nos quer dirigir, mas apenas acompanhar... Não pretende meter-se na nossa vida... mas participar ativamente dela... Não quer mandar em nós... mas mostrar que está ali, presente, sempre pronto a dar e a dar-se mais e mais... Não pretende resolver os nossos problemas, mas apenas ser útil... Não pretende julgar, mas valorizar.

"Nós somos moralmente exigentes em relação aos amigos", afirma Alberoni. Temos de reconhecer a liberdade do amigo, considerando-o como um fim e não como um meio, como já dizia Kant.

O desinteresse, a amabilidade, a sinceridade, a fidelidade, a capacidade de compreender o outro, o cultivo do saber empático... são alguns dos ingredientes necessários para o cultivo de amizades existenciais, que aspiram a um grau de perfeição moral. Ou seja, ao tratarmos o amigo como gostaríamos de ser tratados, ainda que de uma forma desinteressada, gratuita e oblativa, esperamos que ele nos trate da mesma maneira. E, da mesma maneira, não quer dizer que esperamos que ele nos faça exatamente as mesmas coisas que lhe fazemos, mas que esperamos um comportamento adequado ao grau de qualidade relacional que lhe dedicamos.

O amigo é aquele que age de forma eticamente correta para conosco, alguém a quem apreciamos as qualidades humanas, intelectuais, culturais, morais, a simpatia, a empatia, a assertividade, a vivacidade em relação à vida e ao mundo e, de forma especial, a solicitude que tem para conosco.

A amizade valoriza, dá-nos valor. Um valor que talvez ninguém nos tenha dado, ainda que sem mentira e/ou exageros. Dá-nos momentos de partilha, de intimidade, que nos fazem sentir bem e ficar bem.

Não quer dizer que nós tenhamos de "aumentar"/exagerar as suas qualidades, para parecer bem... mas sim que temos a capacidade de reconhecermos no amigo valores que nem ele nem os outros foram capazes de encontrar. Não vemos o amigo melhor do que ele é... apenas o que é, a nossos olhos, julgando-o com equidade.

Por vezes, vemos no amigo aquilo que outros podem desprezar ou desvalorizar. Podemos estimar qualidades que só nós vemos, e que nem mesmo o amigo conhece ou acredita...

Só alguém que sabe amar o outro tem esta capacidade empática de "sentir pelo outro" e de ver nele o que ele realmente é, de forma desinteressada e sublime.

A amizade é exigente, exige um conhecer-se e um reconhecer-se cada vez mais em profundidade, porque evoca o melhor que existe em nós, a nossa melhor parte, o nosso lado mais humano, mais bondoso, mais espontâneo, mais sincero e bonito.

Um amigo, na concepção de Thomas More, é uma alma gêmea, "alguém a quem nos sentimos profundamente ligados, como se a comunicação e a comunhão que ocorrem entre nós não fossem o produto de esforços intencionais, mas antes uma graça divina. (...) Este tipo de relação é tão importante para a alma que muitas pessoas têm dito que nada na vida é mais precioso".

Há uma certa união das almas que se percebe ao primeiro encontro e que logo produz intimidade.
Carina

Quando estou longe de ti, fico antecipando a festa do nosso reencontro.
Zuchetto

Para nós, que nos educamos no culto do respeito pelo ser humano, têm muito valor os simples encontros que se transformam, por vezes, em festas maravilhosas.
Saint-Exupéry

QUANDO NÃO NOS DAMOS A CONHECER

Um amigo é alguém a quem podemos dizer
qualquer disparate que nos venha à cabeça.
Com as pessoas conhecidas,
estamos sempre conscientes da imagem um pouco
irreal que elas têm de nós,
e não nos damos a conhecer.
Há muitos casamentos entre pessoas conhecidas.
Podemos estar com uma pessoa durante três horas
da nossa vida e arranjar um amigo.
Uma outra continuará a ser uma pessoa conhecida
durante trinta anos.

J. D. Macdonald

A minha vida é monótona.
Mas, se tu me cativas,
a minha vida será como que cheia de sol.
Conhecerei um barulho de passos
que será diferente dos outros.

Saint-Exupéry

A amizade busca uma atenção especial...

O homem não pode conhecer-se senão por meio da amizade.
Santo Agostinho

Meu amigo não é aquele que pensa como eu, mas aquele que pensa comigo.
Santo Agostinho

Amar o próximo é um imperativo ético, para nós, cristãos. Mas o amor não se impõe; ele nasce, não por escolha de vontade, mas por inclinação espontânea. Amar a todos indiscriminadamente, de acordo com o grande mandamento do amor que Jesus, o Cristo, nos deixou, não exclui considerarmos algumas pessoas mais amadas, preferidas, mais queridas, especiais na sua irrepetibilidade, que sobressaem na massa anônima dos nossos tecidos relacionais... que dão cor e luz ao nosso existir terreno... que tornam a nossa vida mais bela e com mais sentido...

Desiludidos por tantas pessoas, assoberbados de trabalho, vivendo uma agitação frenética e cronometrada, sempre controlados pelo relógio o dia inteiro, aspiramos a alguns momentos especiais, passados com determinadas pessoas que nos enchem por dentro, que nos dão atenção, e a quem dedicamos especial atenção... Que gostam de nós pelo que somos, aceitando o nosso "eu-real", que nos vão conhecendo cada vez mais... e a quem amamos cada vez mais, à medida que melhor e mais intimamente as conhecemos.

Por vezes, de repente, alguém que conhecíamos há muito, de forma superficial, surge-nos como alguém importante, tão importante que a sua ausência "faz doer"... tão importante, de forma tão espontânea e natural que torna a vida mais "vivificante", mais rica, mais bela, mais verdadeira... mais VIDA.

Nós, homens e mulheres, temos necessidade de amar e de nos sentirmos amados. Amados pelo que somos, sem artificialismos, sem máscaras. Estamos fartos de máscaras... Estamos fartos de parecer... em vez de SER.

Precisamos SER... com pessoas que não só nos deixam ser quem somos... mas nos permitem SER cada vez mais e melhor.

A incrível multiplicidade que radica no nosso íntimo, produto do nosso legado genético, da história pessoal de vida, feita de afetos de maior e de menor qualidade, feita de experiências pessoais e sociais, de sentimentos, de desejos, de sonhos, de emoções, de paixões, de enamoramentos... necessita encontrar a força necessária para a luta do dia a dia... para a monotonia dos dias quase sempre iguais, para os problemas do cotidiano...

Donos de nós mesmos, aspiramos encontrar pessoas com quem partilhar a nossa unicidade...

em encontros entre "iguais". Iguais em caminhada afetiva, espiritual, interior, intelectual... iguais em solidão e em dignidade...

Contudo, existe uma leveza especial nessa "necessidade" do amigo, a quem dedicamos um carinho tão único e irrepetível como cada um de nós, devido à tendência inata para o apego que a nossa alma manifesta.

O *do ut des*, relação que se faz no "dou para que me dês", não tem aqui cabimento. Nenhum dos amigos dá para receber... mas pela maravilhosa necessidade de dar... de se dar...

O que as puras afeições têm de bom
é que depois de as ter sentido
resta ainda a felicidade de recordá-las.
Alexandre Dumas

O amor nasce da intimidade do encontro;
não é um momento fugaz,
mas um milagre que se renova todos os dias.
Leibnitz

Jamais trate o amor com leviandade.
A verdade é que a maior parte das pessoas
nunca teve a felicidade de amar alguém...
Que dure somente hoje e uma parte de amanhã,
ou dure a vida inteira,
é a coisa mais importante
que pode acontecer a um ser humano.

Hemingway

Entregar a oferenda da minha pessoa no amor
deixa-me com uma profunda e duradoura satisfação
de ter feito algo de bom com a minha vida.
Vivo com a doce memória de ter contribuído
para o bem de outras pessoas
com uma dádiva de amor às suas vidas.
Da mesma forma, fico com a sensação
de ter usado bem os dons que Deus me ofertou.
O amor jamais promete gratificação instantânea,
somente a realização final.
Amar significa acreditar em alguém, em alguma coisa.
Pressupõe uma disposição de lutar, de trabalhar,
de sofrer e de participar da alegria.
Duvido que jamais tenha existido um caso
de realização profunda e duradoura
relatado por uma pessoa
cuja atitude mental e única pergunta seja:
o que é que eu ganho com isso?

John Powell, sj

A amizade não é obrigação...

A amizade é a perfeita harmonia entre dois seres.

Montaigne

*A amizade é uma predisposição recíproca
que torna dois seres igualmente ciosos
da felicidade um do outro.*

Platão

A amizade não é obrigação... é doação... é partilha... é reciprocidade amorosa, espontânea e livre.

Acredito que a amizade verdadeira, autêntica, de coração para coração, só possa existir entre pessoas cujas desigualdades não sejam incompatíveis, mas superáveis.

Se esse tipo de amizade é assente em valores muito profundos e radicados no ser mais íntimo de cada um, ela só poderá existir entre duas pessoas com níveis de crescimento interior que permitam a maravilhosa sintonia de corações.

O abandono de um em relação ao outro não exige, não inveja, pelo contrário... dá-se, partilha-se, deseja-se... e contenta-se com pouco!

Ao amigo pedimos ajuda quando precisamos... e oferecemos o nosso ombro amigo para as suas necessidades de conforto.

Ao amigo pedimos... e ele dá!

Contamos com ele... e ele está presente, apesar do pouco tempo disponível...

O pacto entre amigos não é "no papel"... é no coração. Não necessita de assinatura... mas de amor--doação, de amor-partilha.

Dado que se encontram no mesmo plano, nenhum dos amigos se considera superior ao outro em nada. Como diz Alberoni, a amizade é "uma atividade de igualização".

O que cada um dos amigos faz pelo outro, na ajuda recíproca que partilham, faz por ser amigo... e não por outro motivo qualquer. Os amigos não são amigos porque ajudam... mas se ajudam exatamente porque são amigos.

Os amigos encontram-se... afastam-se... e voltam a se encontrar. Podem caminhar juntos ao longo do peregrinar o terreno das suas existências... ou não se verem mais.

A amizade não é exclusiva, mas aberta. Aberta a novas amizades, porque cada relação interpessoal é única e irrepetível, e proporciona sentimentos e emoções tão únicos e irrepetíveis como ambos os parceiros.

Os novos amigos não nos fazem esquecer os antigos. De forma alguma! Cada amigo tem um lugar no nosso coração, que é tão único como ele próprio.

A amizade não tem ciúmes, mas, por vezes, desilude-se, porque esperamos mais reciprocidade, mais afeto, mais atenção.

Por vezes, da desilusão nasce a crise, superável pelo diálogo franco que não aprisiona, mas, serenamente, deixa livre o outro e aberto o caminho para novas amizades, de ambas as partes.

Há comportamentos perigosos para a amizade. Perigosos porque excluem, porque põem à parte, porque exigem poder ou negligência... e originam sofrimento, porque algo não vai bem...

Afirma Valerio Albisetti: "Queria convencer o leitor a seguir outra possibilidade, a de amar sem medo. Não ter medo de penetrar neste mundo complexo do amor, que, no entanto, é fecundo e essencial à vida. Porque entrar nele significa entrar em nós mesmos, compreender a nossa verdadeira condição, chegar a situações psíquicas e espirituais particulares, nas quais se faz a experiência dos próprios limites e se faz a 'prova' disso, onde se aumenta o conhecimento de si mesmo".

Haverá algo mais belo do que teres alguém com quem possas conversar de todas as tuas coisas como se falasses contigo mesmo?
Cícero

Que eu tenha peso e medida em tudo... menos no amor.
Balaguer

Nada é pequeno no amor.
Aqueles que esperam pelas grandes ocasiões
para mostrar a sua ternura
não sabem amar.

Laure Conan

Dar um presente...
uma prenda...

Os melhores perfumes vêm sempre em frascos pequeninos.
As grandes amizades provam-se nos gestos pequenos.
R. Schneider, sj

As únicas coisas que valem na vida
são aquelas que o dinheiro não pode comprar.
G. Araujo

O verdadeiro amigo é aquele do qual podemos aceitar presentes
sem que tenhamos algo para lhe oferecer.
M. Simon

Aos amigos gostamos de dar presentes que sejam importantes para nós, não pelo seu valor material, mas, sobretudo, afetivo.

A alguém especial na nossa vida temos gosto em oferecer algo que é muito mais que um simples objeto. Pode até ser uma coisa que nos tenha acompanhado ao longo de todo o nosso existir, que tenha até pertencido a algum familiar muito amado, algo que tenha para nós um valor estimativo tão grande... que não tem preço.

Vale uma oferta desse gênero pelo que simboliza ao nosso eu-profundo, entregue ao outro. Vale pelos sentimentos e pelas emoções que desperta no outro.

Vale pela preocupação que tivemos em embrulhá-la com requinte, com gosto, com arte, com amor... Vale pela preocupação que tivemos com a escolha do papel, das fitas, dos laços, das flores, dos cartões, das mensagens...

Vale pela ternura que envolve essa oferta, sinal do próprio "eu" de um que se oferece ao outro, a oferta do seu maior bem, a oferta de si mesmo... através do objeto, que faz "festa" pelo embrulho com fitinhas, laços e flores, que permite o saborear dos nossos sentimentos pelo outro... que recebe um bocadinho de nós mesmos.

Ao escolhermos um presente para um amigo, escolhemos alguma coisa que se adapte a ele, que sintonize com a imagem que temos dele, com a sua maior ou menor sensibilidade, com o seu maior ou menor bom gosto. Pode até ser alguma brincadeira... um boneco engraçado... às vezes até feio... mas interessante...

E, nesse aspecto do "dar coisas", é importante termos a noção de que há amigos que gostam mais de dar do que outros. Mas isso não quer dizer que estejam à espera de retribuição, ou que coloquem o amigo sempre em situação de devedor. De modo algum!

O amigo que gosta de ofertar com frequência, porque isso tem a ver com a sua sensibilidade, com a forma como sabe e gosta de exprimir ternura e carinho, não está à espera de que o outro lhe ofereça coisas também. Dá... porque sente necessidade de fazê-lo... dá porque isso lhe dá prazer, e porque pensa que irá dar prazer ao outro... dá como forma de gostar, de estar presente, de acarinhar... mas de uma forma gratuita e desinteressada... totalmente oblativa.

A sua melhor retribuição é a sensação e/ou a certeza de ter agradado, de ter feito o outro um bocadinho mais feliz. De ter, talvez, tratado o outro como ninguém havia feito... Ter-lhe dado atenção, como mais ninguém... Ter-lhe valorizado mais que qualquer outra pessoa teria feito... e isso solidifica a amizade, cria laços mais e mais profundos, cada vez mais íntimos, cada vez mais existenciais...

Como afirma Susanna Tamaro, "dar um presente é um ato muito mais complexo do que correr a uma loja e sair de lá com umas coisas. Para encontrar um objeto para uma pessoa de quem se gosta, há que se perder um certo tempo e ser capaz de entender os pensamentos e a sensibilidade do outro. (...) Mas há um número extraordinário de coisas que não podes comprar. As coisas importantes — as coisas que dão solidez e sentido a uma existência — não estão à venda, vão-se conquistando passo a passo, lentamente, com perseverança e coerência".

Quando amamos, não pedimos nada em troca,
tudo é gratuidade.
E. Duarte

Há duas espécies de amor,
e o único que merece um "A" maiúsculo
é o que dá mais do que recebe.

Gilberto Gesbron

Esbanja o amor à mão-cheia!
Oferece-o,
atira-o pela janela,
espalha-o aos quatro ventos,
esvazia os bolsos
— e terás mais do que tinhas.

Santo Agostinho

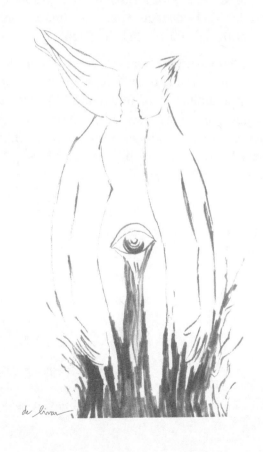

A reciprocidade...

Tenho necessidade de ti,
porque a vida enche-se de alegria quando é partilhada.
Mabel Quintero

O ideal da amizade é sentir-se "um"
e continuar a ser "dois".
M. Swetchine

Qualquer amizade só pode continuar se houver reciprocidade, se for correspondida. É essa a sua condição *sine qua non*.

Só existe amizade se existir reciprocidade, ainda que a capacidade de doação de ambos seja diferente, porque diferentes são as pessoas. Cada um dos amigos terá a sua própria forma de ser e de estar como amigo, que será diferente da do outro, seguramente. Mas isso não quer dizer que o outro, apesar de não receber da mesma forma que dá, não perceba que o amigo dá tudo o que sabe e pode, fruto da sua "bagagem de vida"...

Só faz sentido falar em amizade enquanto partilha mútua, caso contrário, não pode continuar. Diria mesmo que não chegou a existir.

O bem-estar entre amigos, a doce familiaridade que se estabelece através da doação de cada um ao outro, tão inteiramente, que se dá tudo confiada e serenamente... é indescritível, indizível.

A reciprocidade no "movimento" da amizade é muito mais que simples companheirismo, ou apreciar o outro e gostar de estar em sua companhia. É uma verdadeira relação pessoal, um movimento que estabelece uma ligação profunda, uma solidariedade, uma estima, uma convivência... que personalizam mais e mais cada um dos dois envolvidos.

Cada amizade é absolutamente individualizada, e cada par de amigos se trata de forma personalizada e personalizante.

O vínculo profundo que se estabelece não tem a ver com o sexo de cada uma das pessoas envolvidas. Somos sexuados e, por isso, todas as relações interpessoais que estabelecemos são sexuadas.

Pertencemos ao sexo masculino ou ao sexo feminino. Temos características *sui generis* dadas pela herança genética, pela história de vida, pela forma como fomos e somos amados, pelas características tipicamente femininas ou masculinas...

Os sexólogos afirmam até que os melhores amigos que podemos encontrar são exatamente do sexo oposto ao nosso, devido a essas particularidades inerentes à nossa identidade sexual masculina ou feminina.

Cada homem e cada mulher tem, para além da sua irrepetibilidade e unicidade como pessoa, a especificidade que caracteriza o seu sexo (masculino ou feminino), o que o(a) torna ainda mais único(a) e irrepetível. Daí a necessidade e a capacidade de complementaridade entre pessoas de sexos diferentes, também no plano da amizade, raramente tão fortes entre pessoas do mesmo sexo.

A amizade verdadeira entre um homem maduro e uma mulher madura, no auge das suas faculdades intelectuais, afetivas, espirituais, é qualquer coisa de maravilhoso, por aquilo que tem de aventura, de descoberta e de exploração dos mistérios da vida. Tem algo de busca de crescimento interior a dois, de partilha de vida interior cada vez mais íntima, cada vez mais profunda, cada vez mais bela...

Todos nós tivemos amigos na infância e na adolescência, e alguns de nós ainda os conservamos na vida adulta, como motivo de "orgulho" da nossa capacidade relacional afetiva. São pessoas que caminharam e cresceram conosco em todos os níveis, embora em ritmos diferentes.

Mas todos nós sabemos como é realmente belo encontrar um amigo na nossa vida adulta, a quem se conta toda a vida passada, com quem se partilham experiências, sentimentos, emoções... para quem tudo é novo e refrescado pelo presente.

Enriquecidos pela diversidade de duas vidas diferentes, de dois percursos tão distintos, de duas caminhadas tão desiguais, os dois amigos adultos descobrem a sua própria unicidade na companhia tranquilizadora do outro com quem se partilha a vida.

Juntos, sentimo-nos mais fortes, mais seguros, menos vulneráveis, caminhando lado a lado, mão na mão, na estrada pessoal da nossa individualização e personalização.

Após uma vida percorrida por estradas diferentes, muito temos a partilhar, muito temos a dar, muito temos a enriquecer o outro.

Diferentes, mas iguais em dignidade, idênticos na necessidade de afeto, de comunhão, de partilha, de sintonia, de doação e de interioridade.

Não interessa o sexo nem o estado civil. Não interessa se somos padres ou leigos, professores ou juízes, psicólogos, fisioterapeutas ou bioquímicos... casados, solteiros, separados ou viúvos. Somos amigos... e isso é o que interessa. Ainda ontem ouvia e via, na televisão, um padre franciscano que afirmava: "Francisco de Assis não teria sido o mesmo sem Clara de Assis. Clara de Assis não teria sido quem foi sem Francisco".

Cada um na vida do seu cotidiano tem lutas diferentes a travar, caminhos diferentes a percorrer, mas, quando estão juntos, há apenas um estar que tranquiliza, que sabe bem e faz bem.

Caminhamos por estradas diferentes ao longo dos dias, mas quando estamos lado a lado, é como se o tempo parasse, como se o espaço se eternizasse.

Não há monotonia em dois encontros. Tudo é diferente. Tudo é novo. Nada aborrece... e o tempo passa depressa demais.

A estabilidade de uma amizade adulta dá-nos o enriquecimento da complementaridade, fruto da diversidade e da comunhão, fruto da carência afetiva que todos experienciamos, bem no fundo de nós mesmos, e da sensação de solidão interior tão característica de quem se preocupa com o crescimento interior e espiritual.

A relação emotiva é forte em cada encontro, porque a amizade é serviço e doação, que nada tem a ver com formas de hipocrisia amigável.

A amizade é, por vezes, perturbadora, porque é busca inquieta, apesar de repousada e séria, mas espontânea e autêntica.

O coração do homem encerra
tesouros de amor prodigiosos.
Cabe a cada um a maravilhosa
tarefa de os descobrir.

Raoul Follereau

Amar é ser capaz de aceitar o outro tal qual é.
Amar é poder dizer ao outro: "Preciso de ti".

Marcel Beauchemin

Quando o amor bater à tua porta, segue-o,
mesmo que o caminho seja pedregoso e difícil.

Gibran

O amor é o único tesouro
que se multiplica ao dividir-se,
que tanto mais aumenta quanto mais se lhe tira.
O único empreendimento no qual
quanto mais se gasta
mais se ganha.

Santo Agostinho

Partilhar vida...

A amizade é um contínuo dar e receber
para uma realização plena.
Clementi

A amizade é como a sombra da tarde:
cresce até o ocaso da vida.
La Fontaine

A cumplicidade que nasce da amizade alimenta-nos e acolhe-nos, ao fazermos um pedaço de estrada juntos.

Através dos encontros que se sucedem, partilhamos o crescimento de cada um, bem como o crescimento da relação a dois.

À medida que continuamente crescemos por dentro, vamos mudando... e o amigo também. Ao mudarmos, modificamos também a nossa relação que, também ela, se vai alimentando da personalização de cada um, e, por isso, vai crescendo, vai-se transformando, vai-se adaptando e readaptando, vai-se renovando continuamente...

Ao nos fazermos e ao nos refazermos continuamente, numa programação e reprogramação contínuas, rumo a um estado de perfeição cada vez maior, apesar dos nossos limites humanos, evoluímos sem cessar. Numa palavra: vivemos!... e vivemos cada vez com maior qualidade existencial...

cada um de per si... e os dois juntos... de mãos dadas...

A vida transforma-se e transforma-nos e, nessas alturas de grandes mudanças interiores, o amigo surge-nos como uma bênção, uma graça divina.

As amizades mais fortes surgem nos períodos importantes da nossa vida, quando sentimos o tempo passar por nós, marcando-nos positiva e negativamente... envelhecendo-nos fisicamente, ao mesmo tempo em que nos esforçamos por manter uma juventude interior, que não tenha nada a ver com a idade cronológica.

Uma amizade, em determinadas alturas do nosso viver, é como um oásis no meio do deserto relacional das nossas vidas.

Nunca existe a sensação de dívida entre amigos. Cada um dá o que pode e sabe... dá o que tem e o que pode. Nada se contabiliza. Tudo o que se dá é sincero e, portanto, belo.

Por vezes, o amigo é como a nossa imagem refletida no espelho, é um pouco de nós, funde-se conosco no nosso eu mais íntimo.

Quando as afinidades são profundas, quer quanto às características da personalidade, quer quanto às situações vivenciais análogas relativamente a sentimentos e emoções, a amizade consolida-se dia a dia.

Como diz Alberoni, "a busca da identidade é uma viagem que se inicia. Quem busca a sua identidade deve perder-se e encontrar-se, deve morrer e renascer"; e ainda "o amor não se aprende, é um *a priori*. Não se aprende também a amizade".

É o amor que faz a união. União na alteridade de duas vidas diferentes e separadas... mas juntas no encontro que dá qualidade ao nosso existir.

"A amizade é um prazer, produz uma enorme felicidade" (Alberoni), mas cada um dos amigos se mantém totalmente ele próprio, porque dá sem exigir nada em troca... e recebe sem pedir...

"A amizade é uma experiência de entrega recíproca, na amizade verdadeira não há qualquer relação de interesse ou intenção. A amizade apoia-se na alegria e na canseira, na fidelidade e na atenção, na escuta e no silêncio, na disponibilidade e na partilha. É um sentimento nobre e gratuito, porque as relações que criam amor nunca conhecem a linguagem do preço."

Só o amor é capaz de unir os seres humanos
de tal forma que os completa e enche,
pois só ele os apanha e se junta a eles
naquilo que de mais profundo possuem.
Pierre Teilhard de Chardin

Não há nada mais gratificante do que o afeto correspondi-
do,
nada mais perfeito do que a reciprocidade de gostos
e a troca de atenções.
Cícero

*O amor não tem outro desejo
senão o de atingir a sua plenitude.*

Gibran

*Ficou-me aquela sensação de triste desolação
que tenho quando encontro uma pessoa
que recusa abrir-se,
ouvir as mensagens que a sua própria vida
lhe vai enviando.
É muito difícil pôr de lado a imagem que fizemos
de nós mesmos:
levou-nos tanto tempo a construí-la,
deu-nos tanto trabalho, afeiçoamo-nos a ela,
é graças a ela que ainda nos mantemos,
agarrados a um simulacro de realidade.*

Susanna Tamaro

A amizade interrompe e transcende a vida cotidiana...

*A verdadeira amizade deixa marcas positivas
que o tempo não pode apagar.*

*A amizade não se explica,
é flor tão rara que só a experiência sabe valorizar.*

"O encontro é o ponto de contato entre dois destinos pessoais, que não se podem partilhar com ninguém", diz Alberoni.

A amizade, toda feita de estima e respeito mútuo, é algo que transcende a monotonia das nossas vidas sempre iguais e mergulha no mistério da intimidade, o "mais dentro", o "mais interior".

Quando reconhecemos alguém que nos está próximo interiormente, ficamos felizes, extremamente felizes, e essa amizade pode florir de forma especial apesar da multiplicidade das nossas relações humanas.

Diz Alberoni, e eu concordo em absoluto, que "é exatamente quando estamos mais cheios de fervor, quando estamos mais ativos, que procuramos outros com quem fazer o caminho juntos. É nessas situações que andamos à procura de encontros significativos. E ficamos felizes quando reconhecemos alguém como nós".

Uma escolha de eleição, no meio de um turbilhão de relações interpessoais, dá-nos força e transcende-nos em cada encontro significativo com alguém que se escolheu, um tipo particular de pessoa, alguém que pode ser uma das raras pessoas que estão ao "nosso nível", que nos podem compreender, que nos podem ajudar a crescer.

São essas pessoas que nos tiram da solidão espiritual, porque falam a nossa língua, pertencem ao nosso mundo... e dão alegria ao milagre da nossa vida, tornando o nosso mundo mais colorido, mais exuberante, mais belo, mais estupendo, mais maravilhoso.

Quando o amigo é alguém com quem temos necessidade de trabalhar em determinado nível, com quem estabelecemos relações profissionais, qualquer reunião de trabalho é enriquecida pela amizade que está presente... até mesmo quando se fazem contas, se planifica, se organiza...

O companheirismo que se estabelece é de um enriquecimento recíproco e de uma complementaridade de todos os níveis. A colaboração é maior e o reconhecimento do valor de cada um torna cada encontro de trabalho numa festa, sem a conotação pesada e cansativa que habitualmente se lhe atribui.

Esse tipo de amizade alimenta-se e cresce na proximidade. Precisa viver perto, necessita de encontros, precisa ver um ao outro, ajudar mutuamente, conversar, tomar café, almoçar ou jantar...

Esse tipo de amizade necessita de familiaridade, de encontros regulares, de momentos fortes que dão cor, dão luz ao nosso existir, em que o único intuito de ambos é amar... Amar e nada mais... Amar e nada exigir... mas tudo dar... e tudo receber...

Esse tipo de relação de qualidade é como uma lufada de ar fresco nas nossas relações, por vezes tão sufocantes... e não deve ser temida por ninguém.

"Quem acha a intimidade difícil é a pessoa controlada e extremamente fechada, porque se encontra desligada da sua interioridade que, por conseguinte, não tem lugar nas suas relações. A pessoa incapaz de intimidade paira ansiosa, simultaneamente separada do seu próprio íntimo e das almas das outras" (Thomas More).

"A amizade é apenas um modelo ideal que pede para ser respeitado. Para que, desde que nós o sigamos, o mundo se encha de amigos e estes, ao se verem, sorriam" (Alberoni).

No amor não há limites: quem ama tende para o infinito.
A vida só é vida quando há amor.
Gandhi

O toque da tua mão ao passar,
tão leve, tão rápido,
tal que ninguém mais suspeite
a confiança que me traz
— esse toque dá-me forças
ao longo do dia mais duro.

Marion Garrety

Quando seguro as tuas mãos,
sinto que o mundo à minha volta está em paz,
porque tu estás comigo.

Goethe

O "toque" entre amigos...

Ninguém consegue uma vida inteira de felicidade;
apenas momentos felizes.
Waggerl

Quando estamos com um amigo,
não estamos sós e não somos dois.
Barthelemy

Sinto ainda espaços vazios em mim:
pessoas que não amei suficientemente,
palavras que não proferi,
mãos que não apertei num gesto amigo.
Alexandre Herculano

O toque entre amigos tem a ver com o grau de intimidade e de familiaridade que se criou, independentemente do tempo de duração da amizade, fruto da intensidade do amor fraterno experienciado.

Qualquer carícia entre amigos serve para comunicar o bem, quer para recebê-lo, quer para saboreá-lo. A carícia, o toque, testemunha o amor que se vive e que se torna necessidade vital, porque encontro "do corpo com a alma".

O aperto de mão, talvez o gesto de afeto mais difundido, pode tornar-se, em determinados momentos, a forma de comunicação mais bela, mais densa de significado.

Ao deixarmos a nossa mão na do outro, uma sensação apaziguadora aparece no coração, que fala de pertença, de proteção, de compreensão, de aceitação, de valorização, de carinho e de ternura. Fala de amor fraterno.

As mãos comunicam-se entre si, estabelecem um diálogo que só elas conhecem, tornam o encontro um acontecimento, obrigando cada um a sair da sua individualidade e a abrir-se à individualidade do outro.

A tranquilidade indescritível que nos dá o "reter" as mãos do amigo, que "retém" as nossas, é uma das mais belas formas de comunicação silenciosa que manifestam presença, que exprimem partilha... que geram um sentir em comum a situação vivida naquele momento, e a felicidade que ocorreu e/ou ocorre.

A mão do amigo pode parecer-nos um "ninho" dentro do qual nos sentimos seguros, protegidos, ao nos comunicar solidariedade e conforto.

O dar a mão pode significar a plenitude única da celebração do "nós", fruto da amorosa consciência contemplativa. É claramente uma carícia que exprime reciprocidade, atenção e promessa.

É um contato que deixa marcas, que sublinha os momentos mais vividos, ricos de densidade amorosa.

É um toque que traduz a doação interior de um ao outro, fundindo mensagens indizíveis, altamente comunicadoras.

A ternura está presente naquele momento de realidade afetiva, que nunca poderá ser apagado, e que renascerá na nossa memória, especialmente em momentos de tristeza e solidão.

O aperto de mão enternecido, mas palpitante e vibrante, carregado de afeto, deixa a marca, o "selo" do outro na nossa pele, porque aproximou não apenas dois corações... mas duas pessoas, dois corações e dois corpos numa só alma.

Esse tipo de toque entre amigos autênticos não os funde na unidade, mas "despe-os" de defesas, colocando-os em contato direto, num misto de contemplação, prazer e transcendência.

E o mais belo de tudo isso é que as sensações que experienciamos com um determinado amigo não poderemos ter com outro, pois cada sensação física que temos com um... não pode ser vivida com mais ninguém. É uma determinada pessoa que nos faz sentir assim, de determinada maneira... e não outra.

Logo, com dois amigos diferentes, as sensações são diferentes, porque diferentes as pessoas, diferentes as situações e as relações, mesmo que todas sejam amizades autênticas.

O que se sente espiritualmente... sente-se fisicamente... e vice-versa. É como um jogo recíproco de transferência "do corpo para a alma" e "da alma para o corpo". É o toque que permite a sintonia de corações vivida através do corpo físico, que é a mediação inter e intrarrelacional.

O abraço, definido por muitos como o gesto de amor mais íntimo e necessário, diariamente, para o nosso equilíbrio afetivo, é o gesto físico do fundir num só corpo duas entidades distintas, o que contém uma carga de mensagem corporal, que, ainda que sexuada... não tem de ser sexual.

No abraço, um amigo abre-se ao outro, abre o seu corpo ao outro... abre a sua individualidade à do outro.

Ao abrirmos os braços ao amigo, oferecemo--nos sem reservas, confiadamente, aderindo, partilhando o ser num gesto de plenitude afetiva... que tem algo de absoluto, e transmite proteção e confiança.

Por outro lado, o beijo entre amigos é de igual para igual, na liberdade da amizade, que escolhe o grau de familiaridade, de acordo com a pessoa que se "selecionou" para amigo íntimo.

Esse tipo de beijo, ao cumprimentar, comunica e infunde segurança, "é como uma declaração oficial do vínculo de amizade que os une", afirma Piero Balestro.

É claro que, desde que se banalizou o cumprimento com beijos nas faces de todas as pessoas, empobrecemos um gesto que deveria ser apenas dedicado a alguém especial... e não a todos, indiscriminadamente.

Esse tipo de cumprimento deveria estar ligado à intimidade e, de certa forma, até mesmo a uma certa exclusividade.

*As carícias são tão indispensáveis à vida dos sentimentos
como as folhas às árvores.
Sem elas, o amor morre pela raiz.*

Nathaniel Hawthorne

*Emoções e paixões podem existir e amanhã desaparecer;
mas o verdadeiro amor tem sabor de eternidade.*

Tagore

se alguma vez descobrires
que olho para os teus olhos
e um raio de amor reconheceres nos meus,
pensa, simplesmente,
que podes contar comigo.

Mário Benedetti

Cultivar a alegria não é tapar os olhos
para não ver as coisas feias e os dissabores
do mundo,
não é cobrir a realidade com um véu cor-de-rosa
para criar uma felicidade ilusória; pelo contrário,
viver na alegria é viver na consciência extrema,
testemunhando, na escuridão do mundo,
que o nosso ser pertence a algo diferente.
A alegria não é uma linguagem de palavras,
é uma linguagem de olhares;
a alegria não convence, contagia.
A alegria é poderosamente subversiva,
porque é subversivo o amor sem distinções que ela
transmite.

Susanna Tamaro

A importância do olhar, do sorriso e do tom de voz...

*Entender com os olhos
é um atributo de fina sutileza do amor.*
Shakespeare

*O coração não envelhece.
Basta um sorriso, um nada,
e tudo nele se ilumina e aquece.*
N. S.

São os olhos do amigo que nos fazem ver a nós mesmos com mais clareza do que se nos olhássemos no espelho.

Os amigos são o nosso espelho. São eles que refletem aquilo que somos, através daquilo que nos transmitem pelo olhar e pelo sorriso, comunicando sentimentos, emoções e sensações. O amigo é, exatamente, aquele que nos revela quem somos, no complexo jogo da comunicação humana.

Com o olhar, o amigo pode abençoar-nos, comunicar aprovação e dar-nos importância ou mesmo discordar e/ou criticar... Pode dizer o que os lábios não dizem... porque não conseguem ou não sabem... pode falar a misteriosa linguagem dos afetos, a linguagem do amor fraterno que nos faz sentir livres e vivos.

Pelo olhar, o amigo pode tornar evidentes capacidades que mais ninguém descobriu em nós, e que até nós mesmos não tínhamos descoberto, dando-nos coragem, principalmente em determinados momentos em que necessitamos de ser valorizados, aprovados... e importantes para aqueles que, um dia, o nosso coração cativou...

"O olhar não engana ninguém. É como um espelho: reproduz com exatidão o que se passa no coração do ser humano" (Carlos Schmitt).

Por outro lado, o tom de voz que usamos na comunicação com o amigo, os seus vários timbres e as suas inflexões... conseguem exprimir as emoções inexprimíveis. A modulação da voz na comunicação afetiva é primordial, pois fala por si mesma, traduzindo mensagens, como instrumento importante de afetividade.

Pode traduzir ternura, atenção, afeição, humor, brincadeira, tão importantes para a necessidade de pertença e desejo de união, principalmente em momentos de "solidão interior".

O sorriso em profusão e o riso sincero e autêntico são absolutamente necessários entre pessoas que se querem bem. Dão sabor aos encontros, leveza e espontaneidade à partilha de vida. Rir é bom, faz bem e tem sabor... principalmente em boa companhia...

A nossa alma é extremamente complexa e os seus caminhos são pluridisciplinares, o que nos permite sermos capazes de ler as expressões e experiências. Através delas o tempo dilata-se, despe as suas roupagens habituais e carrega-se de sacralidade...

Amor é sentirmo-nos espiritualmente realizados quando vemos a própria felicidade refletida nos olhos de quem amamos.
N. S.

O amor é um sentimento interior que não se pode esconder, pois transparece nos olhos de quem ama.
N. S.

Tu poderás passar sem mim.
E eu poderei passar sem ti.
Mas, algo me diz que,
só juntos,
encontraremos o caminho da felicidade.

Leo Buscaglia

O mundo das máquinas e da pressa gera o individualismo.
A maioria preocupa-se exclusivamente consigo,
nem quer saber de abrir o coração a alguém. (...)
Concordo que não é fácil descobrir um verdadeiro amigo.
Mas daí ao exagero de te fechares totalmente em ti,
não parece o mais acertado.
O individualismo gera a solidão,
e esta é, muitas vezes, mãe do desânimo e da descrença.
Torno-me um espírito fechado, cheio de reservas
e desconfianças.
Rejeito, de antemão, o amor que alguém gratuitamente
me possa oferecer.
Nem todos, porém, são aproveitadores.
Nem todos têm "segundas intenções".
Ainda há, graças a Deus, gente que sabe amar.
Gente que está disposta a partilhar a sua vida
com os outros.
Gente que coloca a pessoa acima dos negócios
e dos números.

Carlos Schmitt

O amor como necessidade...

Meu amigo é outro eu.
Quando procuro um amigo,
é para misturar a minha alma com a sua
e das duas fazer uma só.
Cícero

O que é um amigo?
Uma só alma habitando dois corpos.
Aristóteles

"O 'outro', antes de ser uma pessoa concreta, está presente dentro de nós, na necessidade que temos dele para viver", diz Piero Balestro, mesmo que essa necessidade ainda esteja no âmbito do inconsciente. "O outro, antes de se concretizar diante de mim num só indivíduo, está em mim".

O valor do outro para mim tornou-se existencial, porque já estava dentro de mim, dando resposta à minha necessidade interior e profunda que nele encontra escape, sentido e direção.

Por isso são tão importantes os encontros, mesmo que, por vezes, às pressas... pois cada encontro satisfaz por si próprio, seja qual for o motivo que nos leve a ele. É a minha necessidade do outro que dá valor e torna único e importante o encontro, seja para tomar café, para almoçar, jantar ou apenas conversar... na rua, no escritório, no carro ou na sala...

Cada encontro é saboreado pelo bem que se partilhou, pela intensidade que se viveu, pela necessidade vital de envolvimento afetivo com o outro. E cada encontro cria uma sede de novos encontros, porque nenhum encontro, por mais fecundo que seja, e por mais gratificante e terno, esgota a necessidade existente dentro de nós.

Estar com o amigo, de quem temos necessidade, leva à paz interior, saboreada na estabilidade inconfundível e indiscutível que o encontro nos dá, tornando-o existencial. Como afirma Piero Balestro, "é a experiência paradisíaca da totalidade existencial, da perfeição exaltante em cada ato de viver, da perenidade eterna que faz calar os remorsos da precariedade sempre presente".

Por vezes, não é fácil expormos o nosso ser a outra pessoa... não é fácil corrermos o risco dessa imensa vulnerabilidade. Pode ser difícil ser receptivo... pode ser difícil viver essa vulnerabilidade mútua, que é uma das grandes dádivas da amizade.

Darmos ao outro um espaço emocional suficiente para viver e exprimir o seu eu-mais-profundo, o seu ser, com as suas formas simultaneamente racionais e irracionais, correndo o risco de revelar o nosso interior, incluindo os nossos absurdos, os nossos erros, as nossas falhas... pode ser difícil de pôr em prática.

É preciso coragem para nos darmos o suficiente, para que seja possível a abertura necessária, quer para nos exprimirmos, quer para recebermos o outro como ele é.

Há quem se defenda e se debata contra a amizade, com medo de revelar a sua vulnerabilidade... como se ela não fosse comum a todos os mortais...

Contudo, como é possível a amizade sem se abrir o coração e correr o risco emocional considerável de viver a intimidade interior... aquele "local muito dentro" da relação?

Thomas More diz que, por vezes, quando nos esforçamos por "penetrar noutra pessoa", podemos, involuntariamente, impeli-la para uma posição defensiva, principalmente se essa pessoa não está habituada a esse tipo de relação íntima.

Fica o consolo da autoaceitação incondicional, que consiste em aceitar o nosso próprio mistério, reconhecendo que existem coisas que se passam em nós que, porventura, nunca viremos a entender... como as duas "almas enlaçadas" dos amigos... "soldadas" pelo amor...

As pessoas podem ser dispensáveis,
mas um amigo é uma necessidade.
Voltaire

Todos nascemos para o amor.
É o princípio da existência e a sua única finalidade.
Disraeli

Saber que, no meio dos contratempos
e adversidades da vida,
existe alguém que nos reserva a sua ternura e atenção
— quando ninguém tem tempo para os outros —,
não será isso um tesouro de inestimável valor?
Sentir a alegria da espera,
dos minutos que passam e encurtam
a distância que nos separa
de quem nos ama e de quem o nosso coração cativou,
não será isso algo maravilhoso,
para quem ainda conhece o valor do sentimento,
no meio da dureza asfáltica da vida?
Preparar com desvelo e carinho
o coração muitas vezes sofredor e solitário;
prepará-lo para o abraço do amigo
e a sintonia do espírito
— que eleva e reanima —,
não será isso mil vezes mais valioso
que ter dinheiro no banco e tristezas na alma?

Carlos Schmitt

Saber "perder tempo"...

*Um dos dramas do homem no mundo atual
é não ter tempo de fazer amigos.*
A. C. Jesus

*Tua divisa deve ser:
amar mais do que és amado
e nunca ficar em segundo lugar.*
Nietzsche

*O tempo que se perde com alguém
é tempo que se ganha para a eternidade.*
Carlos Schmitt

*De quem nos ama esperamos,
sobretudo, um pouco de tempo.*
G. Bermanos

A sensação de peregrinos na instabilidade de uma vida que é breve e incerta, na luta diária, no corre-corre do dia a dia, raramente nos deixa tempo para devolver ao amor a primazia que merece, a fim de podermos reconhecer alguém como "único no mundo".

Vivemos uma época de pouco amor, ainda que de demasiados amores...

Não temos tempo para "coisas insignificantes", como nos sentar para dialogar... como termos tempo para "cativar alguém".

Temos hora certa para tudo!... mas nos sentimos sós no meio da multidão.

Por vezes somos mais máquinas... que pessoas, esgotamo-nos demasiado... e não temos tempo para as coisas do coração, para acreditarmos que a amizade verdadeira ainda existe, que a partilha de vida gratuita e desinteressada está aqui, ao nosso lado, como um desafio a nossa capacidade de amar.

Ao encontrarmos alguém que nos aceita incondicionalmente, nos ama e compreende, somos convidados a sair da falsa estabilidade da rotina despersonalizante que nos envolve, penetra e imobiliza...

Estamos por demais instalados para nos envolvermos na "magia da espera", na "alegria do encontro", que nos revelam caminhos de felicidade... que perturbam a nossa situação de instalados, porque abalam os alicerces da estrutura que montamos a nossa volta, para nos dar a tal falsa segurança.

É muito mais fácil fugirmos!

Contudo, como diz Carlos Schmitt, "saber perder tempo é lucrar para a eternidade. E é isso que faz a vida importante. É isso que torna alguém 'o único' e 'mais importante' para mim: o tempo que eu tiver perdido com ele, num amor totalmente oblativo e gratuito. Quando eu for capaz de trocar as minhas seguranças por aquelas que o AMOR me oferece, então terei descoberto o grande segredo: o segredo da vida-que-se-dá, desinteressada e generosamente, morrendo para si, a fim de que os outros vivam".

E continua: "o que nos devolve a segurança e a alegria e torna a vida mais bela e cheia de sentido, nesse deserto de limitações e incertezas, é a certeza de que existe alguém que nos ama, mesmo que fisicamente esteja longe de nós. No mapa do meu coração, haverá uma cidade diferente das outras cidades, porque nela habita alguém: alguém que eu amo".

Somos peregrinos do absoluto... e caminhamos para a casa do Pai... mas não podemos fazê-lo sozinhos, fechados na nossa individualidade.

Somos responsáveis por aqueles que cativamos... e a sua salvação também nos diz respeito...

A nossa amizade pode tornar-se fonte de salvação para ambos, na medida em que transcende os meros interesses humanos... e pode tornar-se "passagem" para Deus.

A força-do-amor, porque vem de Deus... é de Deus... e para ele se encaminha... tudo arrastando para o alto... para a eternidade...

Escondida nas nossas sedes humanas de amor, radica uma outra sede... mais profunda. A sede do Deus-comunhão-de-amor-e-de-vida, que sacia em plenitude e perfeição.

Até lá, que faremos então, a não ser vivermos e promovermos a comunhão, que apressa o dia em que esse sonho de felicidade eterna será realidade total e totalizante?

Como afirma ainda Carlos Schmitt, "hoje, mais do que nunca, a humanidade suplica comunhão. Em todos os desequilíbrios há um grito velado de amor; há mãos que se estendem em busca de alguém; há procura de afeto que a vida matou"...

A amizade adulta autêntica, sincera e verdadeira... é sinal de um AMOR MAIOR, ETERNO E INFINITO... é presença de DEUS.

O amor é a asa que Deus deu à alma
para ascender ao infinito.
Michelangelo

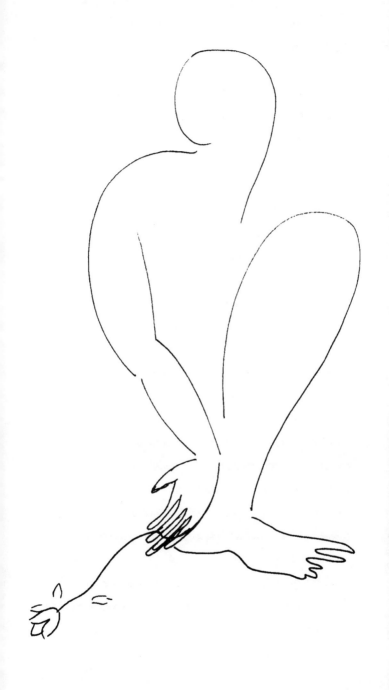

DE "O PROFETA"

E um jovem disse: "Fala-nos da amizade".
E ele respondeu, dizendo:
"O teu amigo é a resposta às tuas necessidades.
Ele é o teu campo que semeias com amor
 e colhes dando graças.
E ele é a tua tábua e a tua lareira.
Pois que vens até ele com a tua fome,
e procura-o em busca de paz.

Quando o teu amigo diz o que pensa,
não receies o 'não' na tua mente, nem recuses o
'sim'.
E quando ele está calado, que o teu coração não
cesse de escutar o seu coração;
pois sem palavras, na amizade,
todos os pensamentos, todos os desejos,
todas as expectativas
nascem e são partilhadas,
com uma alegria que não é aclamada.
Quando te separas do teu amigo, não fiques triste;
pois aquilo que nele mais amas
pode tornar-se mais nítido na sua ausência,
como a montanha vista da planície é mais nítida
que para quem a sobe.
E que não haja outro objetivo na amizade

a não ser o aprofundamento do espírito.
Pois o amor que busca algo que não seja a revelação
do seu próprio mistério não é amor,
mas uma rede lançada: e só se pesca o que não se
aproveita.

E deixa o melhor que tens para o teu amigo.
Se ele tiver de conhecer a tua maré baixa,
deixa-o conhecer também a tua maré cheia.
Pois o que é o teu amigo para o procurares com horas
por matar?
Procura-o também com horas por viver.
Pois compete a ele satisfazer a tua necessidade,
mas não o teu vazio.
E que haja gargalhadas na doçura da amizade,
e partilha de prazeres.
Pois que no orvalho das pequenas coisas,
o coração descobre a sua manhã e refresca-se".

Kahlil Gibran

Considerações finais

Considero importantíssimo termos a coragem de dizer aos nossos amigos o quanto são importantes na nossa vida, porque a sua presença nos faz sentir bem e equilibrados afetiva e emocionalmente.

Os nossos amigos verdadeiros, os "amigos do coração", como afirma um dos meus amigos mais queridos, fazem-nos falta porque se transformam em "alimento interior"... porque saciam a nossa sede e a nossa fome de aceitação, de compreensão, de ternura, de afeto...

A festa da vida deve ser vivida no serviço aos outros e na comunhão da paz e da alegria com aqueles que nos rodeiam... principalmente com aqueles que... um dia... o nosso coração cativou.

"A vida só é vida se for vivida e envolvida na vida de outra vida", afirma alguém... e com razão!

O amor autêntico implica uma entrega sem garantias, na esperança de sermos correspondidos.

O amor implica a partilha do prazer do silêncio, a beleza do riso autêntico e o valor dos pequenos grandes momentos de paz e de bem-estar e bem-querer, que engrandece as almas... e as faz trocar de residência...

Quando se ama alguém, tudo o que habita o

nosso eu-profundo é oferecido com a intenção de proporcionar a felicidade ao outro, já que a sua presença constante nos dá a coragem de prosseguir sempre adiante... mesmo nos momentos mais difíceis.

Contudo, já que o amor é um fogo... necessita ser alimentado para não se apagar, como recompensa da vida... que é recompensada... ao recompensar...

"Tal é o poder do amor: à porta do meu coração escrevi com toda a arte: 'Proibida a entrada!' Mas o amor aproximou-se, riu-se e exclamou: 'Eu entro em toda parte!'" (Herbert Shipman).

Sim, eu gosto de ti! E isso me dá uma alegria imensa:
a alegria de saber que, no teu coração e no meu,
existe um lugar especial para nós dois.
Sem estar comigo, tu estás presente.
Vejo-te em tudo o que me rodeia.
A distância?...
Ela não consegue destruir aquele fio invisível
que nos prende.
Nada é mais forte e querido que o amor!

Carlos Schmitt

Sumário

Prefácio 7

Notas introdutórias 13

Conhecidos... não são amigos! 17

O encontro entre amigos... 23

A amizade busca uma atenção especial... 31

A amizade não é obrigação... 37

Dar um presente... uma prenda... 41

A reciprocidade... 45

Partilhar vida... 53

A amizade interrompe e transcende a vida cotidiana... ... 59

O "toque" entre amigos... 65

A importância do olhar, do sorriso e do tom de voz... 71

O amor como necessidade... 77

Saber "perder tempo"... 83

Considerações finais 91

Rua Dona Inácia Uchoa, 62
04110-020 – São Paulo – SP (Brasil)
Tel.: (11) 2125-3500
paulinas.com.br – editora@paulinas.com.br
Telemarketing e SAC: 0800-7010081